L'Arcip

205

ISBN 978-88-06-21652-8

Elsa Morante

# Aneddoti infantili

Einaudi

# Aneddoti infantili

# Prima della classe

Ero la prima della classe. Le altre bambine mi mettevano in tasca, di nascosto, dei torroncini o dei «coccetti», e cioè delle piccolissime pentole o padelle di coccio. Ma io sapevo che esse non mi amavano e facevano tutto per interesse, affinché io suggerissi e lasciassi copiare i compiti. Nessuna meraviglia, del resto, perché io stessa non mi amavo.

Avrei voluto essere brava in ginnastica e nei giochi, essere grassa e colorita come Marcella Pélissier. L'anima mia si protendeva disperatamente verso tutti coloro che, grassi e coloriti, erano bravi in ginnastica e nei giochi. L'anima mia, nera d'orgoglio e di sprezzo, era in realtà quanto esiste di piú avvilito. Io facevo poesie con le rime, che venivano recitate da ragazzini scornati e lamentevoli nelle feste scolastiche. La direttrice mi presentava al pubblico dicendo: – Signori, devo premettere che le poesie che udirete sono state composte dalla bambina qui presente, e non esito a riconoscere, con intensa emozione, che siamo dinanzi a un genio –. Io m'inchinavo, pallidissima, lanciando sguardi lampeggianti di superbia alle modeste compagne. Vedevo i ginocchi delle mie compagne sporchi di terra, i graziosi polpacci rossi di Marcella Pélissier, e me stessa lontana da tutti, in un'ombra nera e piena di lampi, un fenomeno della creazione. Mia madre raccontava, traboccante di legittima baldanza, che all'età di due anni e mezzo, girando intorno alla tavola, avevo composto il mio primo poema in versi sciolti. Ed io covavo un empio rancore contro di lei, che aveva partorito un simile prodigio.

Se credevano di adularmi, con quel rispetto e quelle mosse, come se io fossi stata la vicedirettrice, si sbagliavano. E se mi domandavano: – Che farai da grande? – sperando di sentirsi rispondere: «Farò poemi», commettevano un errore ancor piú grossolano. Difatti, ad una simile domanda, io dispettosa rispondevo: – A te che te ne importa?

Ancora due cose mi distinguevano dalle altre, cingendomi di un'aureola e additandomi al rispetto universale. La prima era che, da piccola, avevo avuto il giradito. Per questo l'unghia del mio pollice sinistro non era liscia e ovale come le altre, ma pressoché quadra, dura come pietra e tutta striata di bianco. Tutta la scolaresca ammirava quell'anomalia, molte mi chiedevano umilmente di toccarla col dito.

Oltre all'anomalia, c'era un'altra cosa e cioè che, quando mi veniva la febbre, avevo l'incubo. Mia

4

madre girava stravolta, con vesciche piene di ghiaccio, e diceva piano: – Elsa ha l'incubo –. Subito i miei fratelli si precipitavano al mio lettino, con viso compunto. Ma sentendo la mia voce rauca gridare: – Sí, Dio, perdonami e conterò tutti i grani di granoturco nei sacchi. Andate via, formiche, via, migliaia. Aiutami, Dio, – e vedendomi slargare le dita nel vuoto e sbarrare gli occhi, si guardavano fissi sbottando a ridere. Sapevano che non si doveva, ma era inevitabile. Mia madre diceva: – Vergogna, disgraziati, – ed essi in preda ad ilarità furiosa si buttavano per terra e si davano pugni. Questo non esclude che il mio incubo fosse oggetto della generale ammirazione. – Com'è? – mi chiedevano le compagne. E di me si diceva con importanza, a bassa voce: – Ha un incubo.

Nella mia classe eravamo tutte femmine col grembiule bianco, fuorché il figlio della maestra, che era maschio col grembiule turchino. Il cognome della maestra, per una gentile coincidenza, era Amore, cosí che egli sul grembiule portava ricamato a punto erba il cognome Amore. Era grassoccio, corto di gambe, con occhi lucenti e neri, le guance rosse e la testa tutta pelata, perché aveva avuto le croste. Tutte le alunne gli facevano sorrisi, e, come a figlio di maestra, gli empivano le tasche del grembiule di torroncini e di matite. Ma lui a tutte quante preferiva me.

La cosa piú dolce era che il motivo della sua pre-

5

dilezione non era il fatto che io fossi un genio, e nemmeno che avessi il giradito e l'incubo. Aggiungerò anzi che egli pareva per natura issato in una sfera ben superiore, in cui tali cose non valevano affatto, ed erano guardate soltanto con una gioviale benevolenza. Il motivo dunque era tutt'altro, e me lo rivelò il giorno in cui guardandomi con lucente occhio arguto e toccandomi estatico mi disse: – Che bei riccetti che hai.

Tutte assumevano nel parlarmi un'aria saccente, e con me discorrevano solo di compiti, di madri e di padri, lasciandomi sempre sola fuori dei loro frivoli capannelli. Ma Amore mi si confidava su cose umane: mi magnificava, ad esempio, la marmellata di sua nonna, ed altresí me ne offriva. Mi guardava e diceva: – Come sei pulita, – rapito, ridacchiando. E mi prendeva per mano andando in su ed in giú e una volta perfino, in segno di estrema amicizia e affabilità, mi carezzò la guancia.

Che Dio benedica Amore. Non so come, sentivo oscuramente che costui, dal mio pianeta deserto e corrusco, mi riconduceva per vie segrete alla terra.

# I miei vestiti

A molte fanciulle tocca portare gli abiti smessi della sorella, o quelli rifatti della madre, o perfino, tornando le mode, di acconciarsi con frivolità scovate nelle casse delle antenate. Ma io, dopo i dieci anni, mi distinsi da tali fanciulle per la mia ferma aspirazione ad una sontuosità regale. Certo era avanzata nel mio sangue una goccia illustre: certo qualche monarca o semplice gentiluomo stava alle radici del mio albero genealogico, ed ora l'ombra sua si trascinava al mio fianco, malinconica e solitaria. Simile ad un visconte rovinato, io, per ubbidienza al fantasma suddetto, non mi rassegnavo alla mediocrità. Quando mia madre mi proponeva: «Adesso ti facciamo un bel cappottino nuovo con questa vecchia coperta da letto», ovvero «con la giacca grigia del papà», l'anima mia prendeva a fantasticare. Essendo la coperta da letto di un color sanguigno, subito il solito fantasma dell'antenato con lusinghevoli modi mi proponeva un manto di porpora guarnito di ermellino. Esigevo dunque un mantello alla moschettiera, e lo guarnivo intorno intorno con pezzi di uno spelacchiato coniglio bianco. E cosí avvolta uscivo, nei copiosi miei riccioli, imbronciata. Che avrà detto di me la città? Lo ignoro.

Le altre bambine, con l'economica e discreta eleganza che si addice alle fanciulle bennate, portavano, come tutti sanno, lisce tuniche di lana grigia con bei collarini di pizzo. Ma io vestivo antichi velluti cangianti, ornati allo scollo di fiorellini di pezza tutti acciaccati. E siccome andavano i berretti col «pompò», dal mio berretto pendeva un fiocco cardinalizio. Con occhi ladri spiavo i figurini francesi, interpretandoli ad uso della mia propria persona. Cosí non indossavo che «modelli», spregiando le sartine da soffitta delle compagne. – È un Worth, – spiegavo con sufficienza alle altre che sbalordite miravano una camiciola di mia madre, di quelle dette «negligenze», che avevo trasformata in abito, applicandovi inoltre tanti, tanti lustrini. Oppure: – È di Schiaparelli. Si chiama «Tramonto a Siviglia» –. Era una gonnella nera tutta a trafori smerlettati, su giustacuore composto con certe vecchie tappezzerie.

Le amiche erano in forse; ma, presto, quegli spiriti smaliziati mi saltarono intorno con guizzi maligni. La beffa, piú dell'applauso, può dare ai superbi il senso di esser divini; è una divinità sciagurata, cupa e tempestosa. Inaccessibile alle beffe, quel tanto di sacro che è nell'uomo si accende con violenza e intatto splende nel centro. Ma io mi sentivo sola e spersa, con voglia di piangere.

Ogni inizio di lezione veniva salutato con piacere insolito: si agitavano tutte sui banchi in attesa che io, ritardataria, facessi l'entrata. Arrivavo trafelata e sprezzante, staccavo dall'attaccapanni il grembiule, vi appendevo il mantello. E intanto risa soffocate correvano, e voci mi pungevano da ogni parte: – È un Worth; si chiama «Minestra in brodo». È un «Tic». No, è un «Tac». Quel cappello è rifatto con le calzettine del nonno. Si chiama «Zampette di nonno».

Mi sedevo nel banco. Guardavo, con nostalgia disperata, ad una bambina oscura e modesta, dai capelli lisci lisci, vestita di un cappottino blu da collegio. Ma quella bambina era un'altra, a me inaccessibile, non avrebbe mai potuto esser me. Io avevo un Fato. Alludo, capite, signori, a quel decrepito fantasma.

Mi parlava, credete, in poesia, e forse mi diceva: – O cara, illumina codesto grembiulino banale con una fiammata di rosso. O ultimo rampollo, non essere una insipida scolaretta. Somiglia tu, o bambina, ad una montagna in fiore, ad una accesa aurora. Ecco, prendi queste salviettine da merenda e trasformale in volanti, quasi tante alucce, per la tua sottanina.

Il professor Scappaticci non sospettava di nulla; con la bonaria cecità di certi uomini per l'abbiglia-

9

mento femminile, egli vedeva in me solo un'alunna, di buona condotta e dieci in latino. Oso anzi pensare che, nei suoi gusti sempliciotti e un po' campagnoli, egli si compiacesse in cuor suo dei miei riccioli arruffati, che le compagne chiamavano «la pidocchiera», e della mia persona garbata e piccola. Soltanto il «Sogno del carovaniere» parve colpirlo. Era un modello di mia creazione. Sopra una sottana cupa a strisce che richiamava il fiammeggiante deserto, splendeva il simbolo dell'oasi: una fascia d'oro a smerli rossi, tolta da una scatola di confetti e che, come stanca foglia di palmizio, scendeva giú. Dunque, il professore non levava dal «Sogno del carovaniere» il suo gentile occhio presbite. – Che Dio ti benedica, figliola mia, tu mi sembri una cattedrale, – disse alla fine; e scosse la testa di qua e di là, e intanto sorrideva al modo di un buon curato di campagna, con un sorriso dolce dolce.

Arrossii; ma sentivo il tirannico fantasma compiacersi di una cosí aulica forma madrigalesca. Un tal madrigale, egli mi ripeteva fiero e soddisfatto, non toccherà mai ad una delle solite donnicciole.

# Il fratello minore

Fin dalla prima infanzia, il mio fratello minore rivelò una vocazione per la vita contemplativa. Il chiasso della famiglia non lo scuoteva: se ne stava sul suo sgabello, e scriveva apologhi sopra una lavagnetta che teneva sulle ginocchia. Questi apologhi o storie, non li faceva leggere a nessuno e subito li scancellava con la spugna. Di tanto in tanto il mio fratello maggiore gli crollava addosso dandogli schiaffi e pugni; ma, dopo essersi asciugato le lagrime, quello tornava alla sua lavagna.

Aveva una faccetta pallida e tutta sgraffiata a causa di quei litigi col fratello maggiore; occhi grandi e neri, e un sorriso di superiorità.

Quando non scriveva sulla lavagna, pensava alla donna amata, una certa Fiammetta, che faceva l'asilo. Per lui l'amore consisteva appunto nel pensare accanitamente a lei, sgombrando dall'animo ogni idea profana. Lo si vedeva dunque fermo nel suo angolo coi pugni stretti e le palpebre sigillate. Ogni tanto ci diceva in tono sacerdotale e remoto:
– Chiudete scuri e finestre. Devo pensare a lei –.

Nessuno lo ascoltava e tutti lo beffavano; non che per ciò egli si scuotesse dall'amorosa meditazione.

Da noi, gran parte del tempo si passava in discussioni animate. Questo soprattutto per via di mio padre che amava di ardente passione le piante rampicanti e ogni sorta di pannelli e quadri appesi. Egli non poteva vedere scoperta una sia pur minima superficie di muro; e suscitava gli sdegni di mia madre e della serva. Fin dal mattino, si poteva vedere mio padre camminare in punta di piedi, recando martello e tenaglie nonché qualche nuovo dipinto. E a chi voleva sentirlo, prometteva sussurrando una strana varietà di fagiolo, dai fiori lievissimi che, simili a farfalle volanti, avrebbero presto coperta tutta la casa. Simili confidenze venivano per lo piú interrotte da un acuto strido di mia madre.

Durante le discussioni, noi fratelli piú grandi urlavamo sui testi la lezione per l'indomani, tentando di soverchiare i litiganti. Ma il fratello minore zitto zitto scriveva con velocità furiosa. S'era infatti assunto il compito di redigere una cronaca della famiglia, e a tal fine, afferrando a volo i suoni e le voci che si agitavano, ne registrava con fedeltà i vari frammenti: «*Ille ego qui fuerim*»; *Pum pum* (rumor di martello che batte); «Questi chiodi e buchi sono orrendi»; «*Ille ego*»; «Portano polvere e bestiacce»; *Crac* (rumore di cosa che si rompe) ecc. Questo si chiamava «fare il disco di grammofono», oppure «fare la storia».

Il fratello minore era avaro. Scriveva sulla lavagna: «Consiglio supremo: non donare i tuoi beni!» e metteva da parte tutti i suoi centesimi, covando il gruzzolo come una gallina che ha fatto l'uovo d'oro. Però si salvava dall'abbiezione morale degli altri avari in quanto il suo risparmio aveva in vista uno scopo ultimo, misterioso e tuttora nascosto a lui stesso, ma certo di degna essenza. Posso aggiungere che, quando stava a pensare con gli occhi non chiusi ma fissi e con una ruga sulla fronte, si poteva essere certi che non pensava a Fiammetta, ma all'impiego del capitale futuro. Questo gli dava un continuo travaglio di coscienza, che egli risolse infine in modo esemplare. L'impiego del denaro, nel suo concetto, doveva conciliare l'interesse del possessore col bene della comunità. Egli dunque, alzando il dito con un intimo sorrisino di gaudio, mi confidò che aveva trovato. Doveva, disse, arrivare alla somma di trecento lire, con cui, secondo una pia rivista che mi sottopose, i missionari della Cina potevano adottare a suo nome un bambino cinese e salvarne l'anima. Cosí egli non solo avrebbe recato un grande vantaggio al cinese (per un difetto d'infanzia diceva «tinese»), ma avrebbe insieme provveduto a se stesso, operando per la salvezza dell'anima sua propria.

Da allora, l'intima coscienza illuminò mirabilmente la forma corporea di mio fratello; ogni volta che rifiutava di comperare la cioccolata e di andare sul carrozzino dei ciuchi, egli aveva un trionfale sguardo di sfida, un estatico sorrisino. Senonché la salvezza di quell'anima remota doveva essere rinviata di giorno in giorno. Appena il gruzzolo del fratello arrivava ad una certa somma, per esempio dieci e cinquanta, subito capitava mia madre a chiederglielo in prestito per risuolare le scarpe. E se mia madre ci chiedeva in prestito una somma, la restituzione si perdeva in un futuro cosí vago e chimerico, che a detta somma si poteva senz'altro dare un addio. Dunque, con un sorriso sperduto il fratello consegnava il tesoro; e, senza che nessuno gli badasse, si ritirava a lagrimare sul suo sgabello. Pensava alla dubbia sorte del suo cinese, e tutta la sua pallida faccina tremava sotto i lunghi cigli bagnati. È vero che subito cominciava a risparmiare per lo stesso fine. E sebbene io sappia che quel cinese non fu salvato, pure il possesso di un tale segreto lo aiutava a sopportare gli schiaffi del fratello maggiore.

# L'istitutrice

Quando vivevo presso la ricca zia, dividevo con la cuginetta Giacinta una istitutrice. Era una donnina grassotta e tutta rossa nel viso, con labbra minuscole e sottili come un taglio, e pochi capelli in capo. Era già un po' vecchia e si chiamava *Mademoiselle*. Aveva un collo corto e grasso adorno di una collarina bianca.

Ancora oggi, mi succede nel sogno di esser giudicata da uno strano tribunale, che decide con un criterio inusato e con inoppugnabile sentenza i delitti e le pene. Mi sveglio di soprassalto a quella voce terribile che mi grida negli orecchi: – Hai sdipanato il filo del gomitolo. Sarai punita con trent'anni di lavori forzati!

È certo ancora un remoto influsso di *Mademoiselle*; in verità, ella seppe calare me e Giacinta dalle nostre regioni amabili e sospese in un mondo faticoso, nel quale ogni passo poteva dar luogo a cavilli e processi. Irta e fitta, la rete delle leggi ci serrava, togliendoci il respiro: «Art. I: È vietato far suoni con la bocca nell'inghiottire. – Art. II:

Non si ascoltano gli altri a bocca aperta. – Art. III: La cioccolata non si mastica, si scioglie con la saliva», ecc.

Appena installata al desco dei bambini, risoluta ad insegnarci subito il contegno del perfetto commensale, l'istitutrice, posando appena appena le grassottelle sue palme sulla tovaglia dichiarò: – *Toujours* –. Poi, spingendo alquanto l'avambraccio su detta tovaglia ammise: – *Quelquefois* –. E infine, puntando sulla medesima tovaglia i due gomiti, con solenne esempio intimò: – *Jamais!*

Con lei ebbe inizio, per noi, la tragedia dell'inghiottire. È un fatto che prima non ci avveniva mai di far suoni e voci nell'inghiottire, ed ora invece ogni sorso sibilava e fischiettava nella nostra bocca, finché, con un ultimo gorgoglio, andava giú. Rosse e tremanti sentivamo gli occhietti di *Mademoiselle* frugarci fino in fondo all'anima e ci chiedevamo: – Andremo all'inferno, per questo? – Ella non starnutiva, non sbadigliava, non bisbigliava mai, perfetta e impassibile ci sorvegliava. Su ogni nostro gesto non ben ponderato aveva messo un'etichetta con un teschio e la scritta: «Pericolo di morte». Non era piú una donnetta, ma un idolo tenebroso.

L'alzarsi del suo dito su noi significava: condannata.

Or accadde che, una notte, mi alzai di nascosto per fare un giretto per casa. E da uno spiraglio vidi nel tinello la luce accesa e intorno alla tavola il cuoco, la cuoca e il sottocuoco che mangiavano «panzanella» e cioè pane bagnato e vino. Fra loro era l'istitutrice e anch'essa mangiava panzanella, e fumava certi piccoli sigari e rideva. Il cuoco raccontava i suoi sogni: quando aveva bevuto, da lui venivano in sogno i pupazzi del giornale, come Cagnara e Fortunello, e formicolavano su lui. Ed egli impaurito urlava: – I pupazzi! – e svegliava la moglie. Ora *Mademoiselle* ascoltava coi piedi sulla tavola questi sogni del cuoco e rideva, e fumava il suo sigaro.

Rifeci affannando le scale, e svegliai Giacinta. In effetti, il letto dell'istitutrice era vuoto, ma Giacinta disse che la storia del sigaro non era possibile, e che era un mio sogno. Allora escogitammo una prova per il giorno dopo.

Per esercizio del cervello, spesso l'istitutrice giocava con noi «al bastimento». Dunque Giacinta mi lanciò il fazzoletto dicendo: – È arrivato un bastimento carico di... *t*! – Ansante risposi: – *Trabucos!* – A mia volta le rilanciai il fazzoletto: – È arrivato un bastimento carico di... *v*! – Giacinta disse tremando: – *Virginia!* – e gettò il fazzoletto a *Mademoiselle*: – È arrivato un bastimento carico di... *s*! – Ci scambiammo sguardi fantastici e commossi: «Se dicesse "sigari", – pensavamo sicure, – allora sarebbe vero!» Ma ella dopo aver pensato disse: – Sapone.

Da questo si capiva che era stato tutto un sogno.

Mentre il professore spiegava la storia e si rispecchiava nei fantasmi dei secoli, i compagni scrivevano lettere d'amore. Mi arrivavano fogli ardenti ripiegati a forma di barca o d'aeroplano e dentro c'era scritto soltanto: «*Puella, ego amo te*», oppure un sonetto che diceva:

*Morante, chiaro fior di leggiadria,*
*quando ti miro assisa nel tuo banco*
*si rileva nel sol l'anima mia.*

Questo quart'ultimo verso era un plagio, tolto di peso da un sonetto di Giosuè Carducci.

Un tale spinse la raffinatezza fino ad inviarmi una lettera scritta sopra un sacchettino di carta da pasticciere con la dicitura stampata: «Caramelle e dolciumi». Ed egli completò di suo pugno la dicitura, fra bei ghirigori: «Piú di "caramelle e dolciumi" m'attira la tua bocca fatata».

Essi erano piccoli, rosei, secchi o grassocci, con pantaloni corti e ancora una voce fina. E pensare che io a quel tempo sognavo un individuo cosí grosso che io potessi, al caso, nascondermi tutta intera nella sua giubba ed egli mi andasse cercando: «Dov'è l'amor mio?» Sognavo un brutale che stringendomi febbrilmente i polsi mi soffiasse negli orecchi: «Ditemi di sí, o vi scorteccerò qui, in pieno giorno, sulla pubblica piazza».

Come potevo scendere a quei fanciulli? Io ebbi la ventura di credermi grande quando ero fanciulla; e poi, quando mi accorsi di essere fanciulla, ahimè, ero ormai cresciuta. Dunque, io sognavo allora uno sportivo o un aviatore, o talvolta un poeta, purché fosse possibilmente nel contempo aviatore e sportivo. Venne per me l'età degli eroi; e allora, mentre i miei compagni mi scrivevano lettere d'amore, anch'io ne scrivevo, ma ad un altro.

Costui era Lindbergh. Io spendevo tutti i miei soldi in francobolli per l'estero e in carta celeste, e a lui scrivevo lettere, ma giammai firmandole col mio nome, bensí con nomi finti quali *Aquila* o *Nave*; ciò per conservarmi una qualche speranza di essere corrisposta in segreto. Gli promettevo meraviglie come ad esempio: «Faremo noi due soli la traversata fino ad un'isola deserta dove c'è una casina già pronta, col pianoforte e un orto con le galline». Oppure una morte insieme, e insieme il Walhalla. Certo, pensavo, neppure lui era avvezzo a ricevere lettere cosí sublimi (nutrivo a quei tempi un'estrema fiducia nelle mie doti di mente e di

cuore) e dunque, scrivi e scrivi, andò a finire che
mi amò. Cosí, almeno, decisi io. Quando parlavano di lui rabbrividivo d'orgoglio; non sapevano
che egli per me volava i cieli, per me conquistava
le palme. Col sangue egli aveva scritto sul suo scu-
do una grande X e questo significava l'ignota senza indirizzo che si firmava: *Velivola*.

Gli scrivevo che nessun uomo esisteva piú per
me all'infuori di lui, e passavo fra gli altri altez-
zosa recando al posto del cuore un sacro fuoco.
Chi osava guardarmi? Chi, pensare a me? Propo-
nevo a Lui, se lo credeva opportuno, di tagliarmi
tutti i riccioli, di radermi i cigli, di mettermi una
veste lunga e gli occhiali sul naso, affinché gli altri tutti, vedendomi orrida, non mi circuissero.
Gli dedicai una poesia dal titolo *Grido d'allodo-
la*, che finiva:

*O terra, o cielo, gettate a quest'attimo*
*la vostra stupida eternità.*


C'era un compagno di nome Fusilli che mi scriveva lettere d'amore; ma, non avendo risposta,
da ultimo si limitava a scrivere: «A quando una
risposta? Fusilli Gaetano». Infine mi stancai e,
disegnato sul foglio un ghigno ironico, lo spedii a
Fusilli. Egli non capí il beffardo simbolo e mi disse all'uscita: – Grazie per il disegnino. Ma, e la

risposta? – Questa faccia disegnata, – gli dissi, – è la risposta. Questa faccia che ride ti dice: «Attraversa l'Atlantico. Io sono all'altra sponda».

E saltai via superba; e scrissi a Lindbergh: «Ho respinto un uomo che mi amava. Brucio le sue lettere, e voglio che il fumo, quale incenso, salga fino alle tue narici, o Padrone».

# I peccati

A sette anni ero già una grande peccatrice. Al mio primo esame di coscienza, scopersi di avere tutti i peccati mortali, ad esclusione di uno di cui non sapevo il significato. Una del ginnasio mi spiegò che voleva dire «amore smodato al lusso» ed io con un brivido mi accorsi di avere anche quello, perché mi piaceva oltremodo il fasto, e sempre mi promettevo che, dopo le mie nozze con un conte ricchissimo, avrei portato dieci anelli, uno per dito, e tutti con pietre differenti.

Oltre a ciò, l'Invidia nefasta, la sterile Avarizia, la molle Accidia, la pallida Ira, la Superbia gonfia e nera, la turpe Gola, tutti i Peccati con piede silenzioso ed unghie aguzze fecero cerchio, al mio nascere, intorno alla mia culla. In un angolo, con un sorriso finto, vegliava l'Ipocrisia; ed ancor prima d'imparare a discorrere avevo imparato ad architettare menzogne.

La mia persona già portava i segni lampanti del mio animo peccaminoso: i capelli, come accade alla gente capricciosa, si torcevano in ricci, e sulle mie unghie apparivano certe virgole bianche dette «le bugie». Soltanto mormorando cupi scongiuri, ad esempio «Satana Satana», riuscivo ad evitare altri piú gravi inconvenienti dei peccatori incalliti, per esempio che mi crescesse il naso o che le gambe mi si accorciassero. Ma tutti potevano vedere il Peccato, sotto forma di farfalla nera ed occhiuta, svolazzare sulla mia fronte. E appena aprivo la bocca per parlare, la gente s'affacciava alla finestra e chiamava: – Conte Bugiardini, venite su dalla contessa Bugiardini.

Il piú orribile peccato fu quando presi in giro don Celestino. Era un vecchio coi capelli simili a lana, il quale si era ammalato errando con le Missioni per torridi paesi e poteva camminare solo appoggiandosi ad un bastone. I suoi occhi d'agnello parevano, quasi alati, volare dietro le cose; e in ogni luogo, anche dove gli altri non vedono che vuoto, aria, essi vedevano delle anime; perché erano occhi santi.

Don Celestino veniva ogni domenica e a noi fanciulle faceva «la predichetta», e cioè un breve discorso acconcio. Ci parlò dell'inferno, ed io cominciai a peccare di meno; ma non come i giusti, per virtú, bensí per sola paura. Il semplice nome d'«inferno» mi faceva tremare; e non lo pronunciavo mai, dicendo invece, con una perifrasi: «quel posto sottoterra». Don Celestino riconobbe in me l'anima cupa e smunta, divorata dai peccati, e m'insegnò a fare l'esame di coscienza, invitandomi a confessarmi a lui la prossima domenica.

Alla vigilia della confessione, fatto l'esame di coscienza, vidi «quel posto sottoterra» spalancarsi dinanzi a me. A tavola, contro il solito, mi dettero un dito di vino, e allora le fiamme dei dannati mi divamparono intorno. Per liberarmi di loro, feci una risata selvaggia. Poi dissi: – Volete vedere? – E mi coprii la testa di bambagia e in capo, un po' all'indietro, mi misi una pentola. Mi infilai il nero cappotto del cocchiere, e, appoggiandomi ad un bastone, ridicolmente arrancai. Spiegai quindi alle altre, tutte riunite intorno, che questo era don Celestino, e feci la seguente predica:

– Volete sapere la verità? – gridai. – Tutti i buoni diventeranno uccelli e, i cattivi, conigli. Per gli uccelli da mangiare c'è miglio e canapuccia, e per i conigli erba e lattuga. Che preferite?

Tutte, s'intende, risposero: – Erba e lattuga, – cosí che io, per avere trascinato altri sulla via del sacrilegio, doppiamente peccai. L'indomani, in confessione, cominciai col dire a don Celestino che avevo commesso tutti i peccati mortali, ivi compresa la superbia diabolica e l'amore smodato al lusso. Ed egli mi disse: – Cosí non va, perché voialtri innocenti non dovete aggiungere spine alla corona di Dio.

Gli dissi che non ero un innocente, ma un peccatore, e che come tale dovevo andare in «quel posto sottoterra». E don Celestino mi rispose che io e tutti i miei simili eravamo angeli e che proprio per noi era fatto il cielo.

Allora tutta in lagrime gli raccontai che il giorno prima, ubriacatami, l'avevo preso in giro travestendomi appunto da don Celestino e avevo fatto una orrenda predichetta, che non si poteva ripetere; e lui, sorridendo, mi perdonò.

## Patrizi e plebei

Mentre la maggior parte dei ragazzi conoscono i patrizi solo di fama, studiandoli sui libri di storia, io ebbi la sorte, all'età di appena sei anni, di vivere a tu per tu coi patrizi. Questo mi toccò perché ero una bambina anemica; la mia faccia, fra i riccioli color «ala di corvo», era pallida come quella di una bambola lavata, e i miei occhi celesti erano cerchiati di nero. Venne un giorno una lontana parente, che aveva per sua sorte favolosa sposato un conte ricchissimo. Ella mi guardò con pietà e disse: – La porto a vivere con me, nel mio giardino.

Il mio corredo fu tutto lavato e stirato dalla serva e chiuso in una valigia di fibra. Partii cosí verso il sontuoso giardino rinascimentale, dove trovai, per mia compagna, una bambina della mia stessa età, però patrizia. Si chiamava Giacinta.

La cosa che subito mi colpí in Giacinta fu che essa possedeva un armadio tutto per sé. In questo armadio procedevano in fila vestiti e vestiti. Il mio corredo invece era povero: non c'era giorno che la governante, dopo avermi fatto il bagno, non imprecasse contro i miei genitori. Quando andavo a spasso, mi mancava sempre qualche bottone; sempre qualcosa mi cascava, e il mio cuore piangeva di me stessa, ma, come mi accingo a spiegarvi, era un cuore ipocrita e finto.

Di me si diceva: «Quant'è carina! Quant'è educata!» ed io stupisco oggi stesso che dentro una persona cosí piccola potesse esistere un simile inferno. Mentre il mio corpo era quel che vi ho detto, l'anima mia era una cosa grossa e nera, piena di occhi curiosi e di tortuosi, cupi vicoli. Era un mostro ipocrita e spietato. Anzitutto, mentre gli altri mi credevano piccola, ero grande. O meglio c'erano in me due persone, una piccola e una grande; ma la piccola, servilmente fingeva per lusingare la grande. Questa era gonfia di convenzioni e di strani pregiudizi, possedeva un'Idea, e si contorceva in una Ribellione. Essa esigeva, per esempio, che la piccola sul far dell'aurora bagnasse di lagrime il cuscino e senza farsi udire miagolasse: «Oh, mammina, povera me senza il tuo bacio. Oh, casina mia, cosí piccola mi pari un castello. Oh, mi sognavo di essere con voi, fratellini». Ma in realtà alla piccola non importava niente né della casina, né della madre, e tanto meno dei fratelli bizzosi; a lei piaceva moltissimo stare nella villa.

La persona grande si vergognava della piccola; ogni volta che dicevano «la bambina», si accartocciava per l'umiliazione, e pensavo con un sorriso di sprezzo: «Non sanno che sono piú grande di loro». Essa trovò una vittima nell'ingenua Giacinta.

Ancora oggi, se penso a quella mia vittima che muoveva al supplizio tenera e mansueta come un agnello, non posso vincere il rimorso. Perdonami, Giacinta.

C'erano, fra noi due, grandissime differenze: lei era bella ed io mi credevo bruttissima. È vero che dicevano di me: «Che amore! quant'è carina!» e i conti e i duchi perfino mi vezzeggiavano. Ma io pensavo che lo facessero per rispetto, perché già sapevo leggere e scrivere; poi guardando nello specchio quei miei occhi grandi e quel pallore, tremavo d'odio e di nausea verso me stessa. Per i bambini, la bellezza è soprattutto nei colori, e Giacinta aveva sul viso un sacco di colori, color pesca e color tortora e color ginestra, anzi oro. Ma la differenza che piú mi adontava era un'altra e cioè:

Mentre avevo la mente pronta alle invenzioni, io ero incapace d'esprimerle. E Giacinta invece! La sua mente non si affaticava nell'inventare e nel pensare: vuota e leggera, anzi trasparente, l'anima di Giacinta dormiva dondolandosi come foglia sul ramo. Però, al momento di fare la bella figura, trasformata in uccello spiccava il volo fino al segno, incosciente, brillante e felice. Con grazia e senza malizia, essa coglieva il frutto delle mie fantasie. Cosí avvenne quella volta dello spettacolo.

Io avevo inventato la commedia tragica: io avevo ideato i costumi e scelto la sala del teatro e dipinto le scene con porporina; io avevo assegnato le parti. Con modestia, m'ero riservata la parte di una semplice Dama di Corte, mentre avevo dato la parte della Regina alla figlia del cuoco; e perfidamente avevo deciso che Giacinta facesse da Diavolo, il quale non parla e sta nascosto dietro lo sportello della finestra, ma al momento della catastrofe porta le anime all'inferno. Due corna nere le avevo messo in testa e applicato al suo piccolo didietro una nera coda; le sue scarpe erano forcute e il vestito color sangue. E l'avevo nascosta dietro lo sportello, comandandole di restare là fino al terzo atto.

Marchesi, conti e duchi entrarono ridendo nella sala; sfilarono dinanzi a me e alla Regina ferme sulla scena nel nostro diadema pennuto e strascico. Ognuno di loro gettava una moneta, prezzo dello spettacolo, in un portafiori, e il profumo delle dame saliva fino a noi sospirando. Allora con orrore compresi che Ada, la figlia del cuoco, non avrebbe mai parlato. Essa doveva aprire il dialogo dicendo: «Signora Dama, quella mia figlia cattiva deve morire. O veleno o spada», ma non accennava ad aprir bocca. La sua faccia rubiconda e tutta impiastricciata restava dura e impassibile, i neri occhi fissi e stupidi. – Parla! – le dissi pizzicandola, – incomincia a dire «Signora Dama». Di' qualche cosa, scema ignorante, non hai la lingua? – Già i signori si guardavano, arguti; il sangue mi si gelava. E sapevo che neppure io non avrei parlato.

Nel silenzio, in quell'orribile incertezza e disagio uscí Giacinta per salvarci. Con due dita strinse il suo grembiule spaventoso quasi fosse una veste da ballo, accennò l'inchino di corte, e saltellò su un piede per la scena:

*Io sono un diavoletto*
*che faccio un bel balletto,*

improvvisò con festoso spirito.

Si levò un applauso meraviglioso. E Giacinta ebbe tanti baci; veramente anche a me quei conti e dame gentili davano baci; ma io sapevo di non meritarli e che me li davano solo per convenienza, e li respingevo con strattoni. A un tratto, presi a battere i piedi e a piangere; ed essi mi consolavano con lusinghe: – Poverina, tu non hai colpa, – dicevano. – La Dama di Corte non può parlare prima della Regina. Tu ti sei comportata benissimo. O cara, credi che non sappiamo la tua bella vocina? Ti ricordi quando ci cantasti *Capinera*? – Essi non sapevano che piangevo d'odio.

Giacinta però mi amava; fu lei a prestarmi il vestito di mussolina bianca il giorno della festa dei bambini. Avvenne che dopo il pranzo il mio stomaco respinse con furia, nel mezzo della sala, l'eccesso dei frutti e delle creme, e la cortese mussolina fu violata.

Mi portarono a letto, e subito dopo Giacinta, lasciato il ballo, salí a visitarmi. Ella se ne stava a distanza, con un sorriso umile e confuso, ripetendo: – Poverina, che male dev'essere quando il pranzo salta fuori cosí, – e mi trattava come oggetto sacro; ma io capivo che *per quel fatto* le facevo schifo. La sua cortesia le consigliava di comportarsi di fronte a tanto schifo come davanti a cosa sacra, con quelle mossette e quei sorrisi mansueti e quelle distanze. Erano proprio simili trovate di Giacinta che piú mi irritavano.

Per divertirmi con lei, avevo inventato un gioco feroce. L'anima di Giacinta, d'un anno piú giovane di me, ancora involta nelle fasce del limbo, ancora istoriata di gentili frottole, seguiva quell'anima mia nera come mai cane il suo padrone. Dunque io bendavo strettamente Giacinta, e traendomela dietro in alto e in basso attraverso le quarantaquattro stanze del castello, la illudevo di condurla attraverso i tre regni dell'Inferno, del Purgatorio e del Paradiso. Ed ella, come mai l'ultimo dei cherubini credette in un arcangelo, credeva in me. Mi armavo di punzoni e di spazzole, e le annunciavo che si trovava all'Inferno.

– Ecco, – urlavo, – i diavoli coi secchi. Ecco, uno vuol ungerti con la pece.

Con una vocina patetica e le mani giunte, Giacinta scongiurava: – Pietà, buon diavolo! – Ma io la avvertivo: – È inutile che gli parli, tanto non capisce l'italiano. Ceranon patapum satina caranano caranin? Il diavolo dice che, pazienza, niente pece, ma ti spazzolerà con lo spazzolone dei tappeti. Avanti, diavoli! Nero e rosso! Ecco i fossi e le fiamme che camminano!

Intorno a Giacinta l'Inferno apriva le sue squallide vallate popolate di fuochi, la ridda dei demoni si scatenava. Solo dopo molto invocare, col bianco viso rigato di lagrime supplichevoli, ella otteneva di esser trasferita in Purgatorio. Qui si sostituivano ai diavoli degli angioloni severi e pallidi, i quali frustavano con ali sbattenti come bandiere. Ed ella doveva ripetere trecento volte la parola «Misericordia», per esser promossa al Paradiso.

Ma qui cominciava la parte piú brutta della beffa, tale che mi vergogno di riferirla. E cioè, mentre Giacinta credeva di salire in Paradiso, la portavo invece in cucina. C'erano là un cuoco, una cuoca e una volgarissima sguattera; in piú, quasi sempre vi s'incontravano i marmocchi figli del cuoco, e tutti quanti erano complici dell'empio scherzo. La sguattera soffocava le risa nel suo sudicio grembiale, mentre il cuoco agitava due ventole, che fingevano le brezze celesti, e i suoi brutti figli saltellavano intorno fingendosi cherubini in volo e battevano coperchi per imitare i cori.

Immobile e raggiante, Giacinta saliva in estasi in mezzo a quelle facce ilari e congestionate, a quelle mani rosse che si agitavano. A volte, i cuochi mi chiamavano da una parte per farmi congratulazioni e moine; e allora tutta l'anima mia li disdegnava e volava alla mia vittima, in piedi là fra angeli e bellissime sante. La viltà di coloro mi ripugnava e infine dissi al cuoco: – Sí, ma tanto che credi? Tu sei brutto e tutto pelato, e invece Giacinta ha i ricci.

Devo dire che il centro palpitante del gioco, l'essere cioè di Giacinta, è restato alla fine un mistero. Infatti, una volta venne una cugina piú piccola di noi, rubiconda e docile. E mentre giocavamo coi secchielli e le palette, a un tratto Giacinta prese a saltellare e inebriata gridò: – Facciamole l'Inferno e il Paradiso! Facciamole l'Inferno e il Paradiso! – e mi strizzò l'occhio. Che vuol dire questo? Non lo seppi mai, perché Giacinta poco dopo partí.

Il mistero di lei non si spiegò, anche per la breve durata della nostra corrispondenza. Dopo qualche settimana infatti da che era partita, Giacinta mi mandò una lettera assai graziosa e gentile che diceva: «Cara Isabella, io ho avuto la scarlattina, anche mia sorella Iosefa ha avuto la scarlattina. E tu hai avuto la scarlattina?»

La lettera che le mandai come risposta, diremo, ufficiale, mi fu dettata dall'istitutrice ed era anch'essa molto cordiale ed umana: «Cara Giacinta, grazie della tua lettera. Io non ho la scarlattina perché l'ho avuta da piccola e il dottore ha detto che non si riprende. Spero in una tua solerte guarigione. Tanti baci». Ma di nascosto le scrissi un'altra lettera, nella quale, approfittando di critiche maligne che avevo raccolte fra la servitú, non le dicevo che queste parole:

«Tua sorela Iosefa a in tuto tre capelli».

Detti una mancia al paggio perché me la impostasse. Giacinta non mi rispose mai piú.

## Strani equipaggi

Spesso attraversavano le vie della città grandi e strani equipaggi; la nobile livrea del cocchiere, il colore prezioso dei legni, le corone legate da nastri d'oro, e la folla infine che innumerevole seguiva la carrozza, tutto rivelava l'importanza del personaggio che cosí viaggiava. Seppi un bel giorno che in quei brillanti equipaggi viaggiavano i morti.

Capii subito che poteva trattarsi unicamente dei morti buoni, i quali con quella pompa venivano condotti al Paradiso. Il cocchiere doveva essere un arcangelo travestito, e la folla terrestre a un certo punto si scioglieva senza piú seguire la carrozza: proprio in quel punto l'equipaggio passava nel mondo di là. Scalpitando, i cavalli levavano in aria gli zoccoli e si alzavano a volo fino alle bellissime porte. Qua l'arcangelo travestito da cocchiere apriva lo sportello, e il morto scendeva, con tutti gli onori.

Vestito, come la mia governante defunta, coi suoi abiti domenicali (che però in Paradiso fanno una ben modesta figura), con occhi raggianti e quel sorriso timido e socchiuso che hanno i morti, il nuovo venuto faceva la fila agli sportelli. Era infatti l'entrata del Paradiso, a mio parere, simile all'atrio di un teatro. I superbi equipaggi si allineavano dinanzi alle gradinate, e allo sportello i morti ritiravano la divisa di santo che doveva per sempre sostituire il loro vestito, e cioè: tunica bianca listata di oro, forse due ali, ed aureola. E gli abiti vecchi? Essi venivano riconsegnati al cocchiere, che sulla terra li distribuiva ai poveracci.

Lunga e beata è nel cielo la giornata dei morti. Essi non fanno altro che giocare o pensare; ma quando pensano, pensano solo al Signore. Di noialtri si sono dimenticati. La sera poi, ripiegata accuratamente l'aureola e ripostala sotto al cuscino, si addormentano in pace.

Non cosí, non cosí per i morti cattivi, i bugiardi che per ogni singola bugia meritarono sette anni di Purgatorio, o peggio ancora i pessimi, quelli che sono in peccato mortale, dannati quindi all'Inferno. I primi partono su modeste carrozzelle da piazza, e nessuno bada a loro, nessuno fa il saluto o si toglie il cappello. I secondi vengono inchiodati in cassettine nere e trasportati via di notte da quattro carabinieri a piedi.

All'ingresso del Purgatorio gli arrivanti sfilano vergognosi, vestiti male, come i vecchi che vanno a chiedere il sussidio o la minestra. Là dentro si sta male come in prigione.

E l'Inferno è sotto la terra, alla fine di un tenebroso budello. L'atrio è nebbioso come la città di Londra; vi stanno accatastate, come stie di polli, le cassette nere.

Quando vengono schiodate, ecco, simili a larve uscite dalla terra, freddolosi ne sbucano i morti. Non hanno corpi, bensí masse oscure; non occhi, ma occhiaie vuote. E maschere sulla faccia, per vergogna; ma somiglianti alla faccia vera, cosí che si possa riconoscerli. Ecco Mitilda, quella che vendeva i generi di drogheria e, si dice, rubacchiava sul peso. Ora è qui, con le scarpe rotte e il fazzoletto intorno alla sua faccia senza occhi. E il cavalier Palumbo e il figlio Sabatino, che cosa fecero da vivi? Per dispetto del capufficio, che non voleva dare i permessi per gli straordinari, andarono di notte con certi secchielli pieni e insudiciarono tutto l'uscio dell'ufficio. Ora eccoli qua, maramèo! Lunghi lunghi, dalle lunghe braccia, col cappello a cilindro sui visi infarinati. Sí, sono loro ed altri non ne riconosco; ma son tutti simili l'uno all'altro, e fra le buie muraglie trascinano i loro piedi pesanti. Alcuni hanno vesti bizzarre, fatte di stracci, dai colori varî e sbiaditi, o fasce di cencio intorno al busto; hanno cappelli di tutte le fogge, come quelli che si vedono nei teatri; e certe donne portano vesti ampie che strisciano senza rumore e bistri e rossetti sulla pelle. Altri sono seminudi e pallidi.

Nessuno di loro ha le ali; sembrano talpe uscite

dalla terra. Brancolano incerti, e tendono le labbra, forse per voglia di bere. E voci simili a punture di spillo, o gravi e solenni come nel sonno, dicono: «Ah, se non avessi frustato i miseri cavalli!»; «Ah, se avessi fatto la carità ai poverelli!»

All'alba si sente un tintinno minaccioso di chiavi, uno strascinio di catene e le porte di ferro, le porte dell'Inferno si aprono.

A questo punto io facevo a me stessa: «Sssss!» Piú in là di quelle porte, infatti, non si deve sapere.

# Ingresso in società

Gli splendori della vita mondana mi attrasse-
ro quando ancora, per dirla col sacerdote che fre-
quentava casa nostra, avrei dovuto dedicarmi alle
frazioni e ai latinucci.

Avevo amica una brillante signorina, socia del
circolo Marinese, e stabilii con lei un appuntamento
per andare a ballare, in abito da sera. Mi ero fatta
un vestito scollato, lungo fino a terra, tutto di seta
artificiale, con pellegrina di velluto cangiante: uno
di quei vestiti di cui conviene sollevare con le dita il lembo, per cortesia, come fanno le dame alla
corte del re. Avevo inoltre un *carnet* per segnarvi
i balli, vale a dire, un libriccino di conti sul quale
avevo dipinto un'orchidea.

Possedendo, oltre al prezzo del biglietto d'ingresso, solo tre lire, non avevo carrozza ad atten-
dermi; dovevo prendere una radiale, una circolare
e un autobus. Durante il percorso, tutta la gente mi
guardava e rideva, e le ragazze che uscivano dalla
manifattura tabacchi si urtavano il gomito con aria
furba. Dovetti pure attraversare a piedi la piazza

del Risorgimento, dove certi fanciulli indemoniati corsero dietro al mio vestito. Ed io fui costretta a fuggire come una ladra fino alle porte del circolo Marinese; ma qui, pari ad esule regina che ritorna alla reggia, potei risollevare il capo.

Sulle pareti del circolo erano incollate maschere di carta, amori ritagliati e arabeschi neri. L'abito di società mi permetteva certi meravigliosi atteggiamenti sempre invidiati alle dame, per esempio di gettare indietro la testa ad occhi chiusi come gli uccelli quando bevono, o di tubare gentilmente: – Ma? Ma? Ma? Come osate? – Dissero che parevo Pola Negri, ed ebbi subito cavalieri in tal numero da poter rispondere, ad ogni ballo, con sufficienza: – Sono impegnata, mi spiace –. Sul *carnet* avevo un sacco di nomi: valzer, rag. Matarazzi; tango, sig. Bo. Esaltata dalla nessuna importanza che davo a coloro, a un tratto feci nel mezzo una giravolta, cosí che le luci dell'abito mi si spiegarono intorno come fuochi di bengala, e ricaddero come lunghe foglie di salice. Ma comparve un cavaliere dallo strano e pallido volto, dai nerissimi capelli lisci, dai sopraccigli folti e selvaggi, e per tutta la sera ballai con lui.

Non ero, perché nasconderlo, una gran danzatrice, e fra i miei cavalieri si bisbigliava che ballare con me fosse un po' come trascinare un sacco di castagne, ovvero stringere fra le braccia un renitente puledro, perché tiravo i calci. Inoltre, al cavaliere narravo per tutto il ballo la tragedia della mia vita; e cosí si comprendeva il pietoso ed attraente sorriso che egli aveva, quasi di spasimo.

Lo giudicavo nobile; e quando mi offerse un *codadigallo*, bevanda che, per berla, richiede disinvoltura, pensai che fosse un conte. Allora gli recitai la mia poesia dal titolo *Padrone e Nemico* che finisce: «Tu mi svuoti le vene». Gli confessai di essere una cortigiana in incognito, e per rafforzare, col contegno ardito, una tale asserzione accavallai le gambe e mi arruffai la testa. Ma poiché non si scuoteva da quel suo misterioso e remoto sorriso, gli dissi che avevo mentito, ch'ero una signora matura, madre di ben sette figlioli, rimessa su con cure. Non serví a niente. Allora mi decisi a confidargli che ero una duchessina, fuggita dal mio collegio aristocratico, per venire a ballare.

Egli conservò il suo sorriso glaciale per tutta la sera. Parve agitarsi solo quando, chiamandomi la mia amica per andar via, le dissi di andarsene pure, asserendo che avrei fatto l'alba; e mi volsi a lui con un folle riso.

Dopo dieci minuti, egli volle per forza portarmi via. Fuori mi spiegò che, essendo garzone di parrucchiere, doveva alzarsi presto per lavorare anche il giorno dopo, domenica. – Nessuno lavora la domenica, – disse con rabbia, – e invece, barbieri e parrucchieri, sotto, anche la domenica.

Cosí mi mise sulla circolare, e se ne andò.

Ma già il suono di ferraglie che faceva il tranvai sulle rotaie era diventato ai miei orecchi il fruscio di un treno che mi portava a paesi del nord, lucenti di ghiaccioli: «O bellezza, sciupata in quisquilie», mi cantavano gli arciduchi strizzando l'occhio.

L'ultima radiale era persa, e poi cominciò a piovere. Sulla strada incontrai un vecchietto che aveva l'ombrello e si offerse di accompagnarmi, ma disse che scusassi se andava piano: faceva il cameriere in un bar e aveva i piedi stanchi. Sbirciandomi, domandò: – Non avete padre? Non avete madre? Una bambina sola di notte! – E per tutta la strada non fece che maledirmi. Pensavo: «Sarebbe stato meglio che tu non mi avessi accompagnata piuttosto che borbottare sempre cosí». Ma ero preoccupata del vestito, per via delle gocce e delle pozzanghere, e non badavo troppo al vecchio.

Giunta al cancello, gli porsi la mano da baciare.

# Il mondo Marte è cascato

Viaggiando per la città in tranvai, noi tre fratelli vedevamo ricchissimi palazzi e giardini chiusi da alte cancellate. Decidemmo di impadronircene ed io per prima ne diedi l'esempio. Un giorno, attirata dalla facciata gialla della Manifattura Tabacchi, gridai:

– La Manifattura Tabacchi è mia.

– E il Palazzo degli Esami è mio! – rispose il mio fratello maggiore.

Allora il mio fratello minore, tremando per l'ansia e affannando, in fretta in fretta aggiunse:

– Il Colosseo è mio.

Il giorno dopo, il fratello maggiore dichiarò che la piazza del Colosseo gli apparteneva, e questo portò ad una zuffa sanguinosa, perché la piazza comprendeva appunto lo stesso Colosseo, già da un giorno di proprietà del fratello minore. Grazie alla mia mediazione si venne ad un accordo, e fu deciso che il mio fratello maggiore avrebbe restituito la piazza del Colosseo contro la cessione della Piramide di Caio Cestio da parte del mio fratello minore.

Da allora, la nostra dichiarazione di proprietà di ogni palazzo o monumento veniva seguita frettolosamente da una consimile dichiarazione per le piazze e strade circostanti. Siccome varie zuffe ebbero luogo perché spesso accadeva che uno di noi s'impadronisse di un sito e l'altro minaccioso urlasse: «L'ho già detto io», ci avvezzammo ad elencare scrupolosamente in un quadernetto le nostre rispettive proprietà, facendo precedere l'elenco dal disegno di una testa di morto.

Bene. Ma che avvenne quando ci trasferimmo a Tre Ceci, paesello composto di casacce tutte rotte e di bassi pollai? Non ci degnammo neppure di guardarlo. Ma una sera che sopra di noi si apriva nel suo pieno respiro la volta stellata, l'orgoglio di un'idea magnifica mi gonfiò le vene e gridai:

– Il mondo Marte è mio!

– La Luna è mia, – soggiunse subito il mio fratello maggiore.

E il mio fratello minore, pallido per lo sforzo, dichiarò:

– Il Sole è mio.

Cosí ci impadronimmo pure dell'Orsa e delle principali stelle e pianeti. Ma qui comincia il mio trionfo. Perché se i miei fratelli, piú svelti e robusti, possedevano un maggior numero di stelle, neppure tutte le loro stelle riunite, dai lunghi nomi cercati sull'Atlante, valevano il mondo Marte. Pallidi per l'invidia mi udivano magnificare le qualità del mio possedimento: nel mondo Marte le signore portavano in testa, per cappello, bei giardinetti con piante vere, oppure girandoline che scoppiavano e facevano i fuochi d'artificio; e, al posto della sciarpa, serpenti a sonagli. Nel mondo Marte i cavalli avevano la criniera fatta di fuoco vero, e il cavaliere, galoppando, ci si accendeva la pipa. E mica c'erano le automobili, perché la gente aveva un motorino nella pancia, con annesso un fornelletto per cuocere le uova e tutto. E si poteva, puntando un semplice dito della destra, sparare a pallottola come con la pistola. I fratelli cercavano di emularmi, dicendo che nella Luna i gatti comprano il giornale e le guardie dormono dritte in piedi. Ma sí! Ci corre!

Allora i miei fratelli fondarono una società ai miei danni. Con finta indifferenza li vedevo confabulare e lanciarmi occhiate bieche; finché, acquistato un quaderno di cinquanta fogli, si accinsero in collaborazione a un'opera misteriosa. Nessuno poteva conoscerla o gettarvi uno sguardo sia pure distratto; ma dal feroce atteggiamento degli autori, i quali nel compilarla ora arrotavano i denti, ora spalancando gli occhi mostravano la lingua, ora gettavano spaventose imprecazioni, oppure, in disaccordo circa una variante del testo, furiosamente lottavano, si capiva che quel libro doveva contenere terribili segreti. Un giorno, in assenza dei fratelli, furtivamente frugai nel loro cassetto e avida corsi al quaderno. Era un'opera in vari capitoli dal titolo: *Il mondo Marte è cascato*. In essa si narrava come, dopo tenebrose congiure, il getto di un semplice sputo da parte del prode Capitano (nel quale si poteva riconoscere il mio fratello maggiore) avesse fatto precipitare il mondo Marte. Il brillante astro s'era affrittellato, i pidocchiosi abitanti (cosí si esprimeva il libro), erano morti. E la padrona superba, senza piú possessi e senza niente, oggetto di ludibrio veniva mostrata in teatro, tutta bendata di nero per non vedere piú la terra.

Con un riso sprezzante rimisi a posto il libro, non senza averci disegnato sopra una mano nera.

# Domestiche

Nostra madre ci ammoniva di «non chiamarle «serve», ma «domestiche», perché nessun uomo è servo di un altro, mentre noi tutti siamo servi del Signore.

Nonostante quel decoroso appellativo, però, come volubili uccellini che, accostatisi al davanzale in cerca di briciole, dopo uno svoletto e un cinguettio, scompaiono all'orizzonte, cosí passavano da noi le domestiche. Vispe vispe si presentavano, grassottelle e piene di buoni propositi. Nell'ora che si lavavano i piatti, dalla cucina veniva una voce nostalgica che cantava:

*Al mio paese mi rivà la mente*
*perché ci tengo la mente e l'amante!*

E in coro noi le strillavamo di starsene zitta, perché eravamo in crescenza, e quelle stonature ci guastavano l'orecchio.

La sera del primo giorno, mia madre percorreva tutte le stanze strisciando con due dita sui mobili;

sollevando poi le due dita sulle quali appariva uno strato di polvere, con voce secca e minacciosa gridava: «Carmela! Venite un po' qua!» La ragazza veniva trotterellando, con quell'aria dispettosa e sprezzante che ogni domestica assumeva dopo un sia pur minimo soggiorno in casa nostra. Allora il mio fratello maggiore le saltava intorno, chiamandola con uno dei nomignoli da lui sempre applicati alle domestiche, per esempio «Mozzarella», o «Stoppa», o «Autocarra». Di tali nomignoli, il piú temuto era «Autocarra», perché, secondo le disposizioni del mio fratello maggiore, chi lo portava doveva per sua legittima incombenza buttarsi a quattro zampe reggendo un peso sulla schiena e fare: «Puff! Puff!» Era preferibile dunque, seppure umiliante, chiamarsi «Stoppa», o «Papera».

La sera del secondo giorno, nostra madre costernata aveva già scoperto che la nuova venuta odorava di soffritto, o che si ungeva i capelli col petrolio, o che aveva fatto voto a Santa Rita e ogni sera accendeva sette moccolini al capezzale del letto. «Tutto questo è insopportabile», gemeva nostra madre. Poi zitta zitta andava a deporre un nichelino sul fornello per mettere alla prova l'onestà della domestica.

Dopo una settimana, le nostre domestiche erano diventate magre magre. Certune singhiozzavano o davano in smanie battendo la testa per i muri. Una gridò: – Addio, gioventú, – e svenne. Ma nella memoria il succedersi turbinoso delle settimane e delle domestiche è tale che, per quanto mi sforzi, non riesco a ricordarle una per una, e devo limitarmi a ricostruire dal numero un Concetto Universale della domestica. Questo Concetto Universale, fanciulla pienotta e trafelata, dai tacchi un poco storti, ci insegue minacciandoci con la sciacquatura dei piatti e dice al salumaio: – Michele, sto qui da mezz'ora. Mezz'etto di mortadella, ma che sia di puro suino.

Dopo una settimana, riceve sempre una lettera di suo padre o di sua madre, che la rivogliono al paese.

Una però, di nome Valchiria, per gli imperscrutabili misteri delle attrazioni umane, non solo resistette alla nostra ospitalità, ma si attaccò a noi con affetto memore e costante. Era una fanciulla grassoccia sui diciotto anni dal collo bianco e grazioso e dalle gambe corte; aveva fossette sui gomiti e belle trecce dorate. Essa gradiva tutte le nostre attenzioni; sia che le facessimo, con piume e fuscelli, il solletico, sia che le spargessimo nel letto fagioli e ceci, su cui noncurante dormiva, con un tenero, affettuoso russare. Pur giurando nell'invettiva che eravamo le corna di Satana, la graticola di Lorenzo, le unghie di Giuda, sempre ci chiamava signorini, come noi, per criterio di nobiltà, si esigeva. E fra grandi risate ripeteva la nostra poesia che trattava del suo proprio fidanzato di nome Graziano e che finiva:

*Il Graziano*
*Scemo e nano.*

Volentieri si prestava a fare l'autocarro, l'aeroplano e la macchina schiacciasassi.

La domenica si metteva un vestito col trasparente e andava da Graziano: – Tu spopoli! – le dicevamo. – Vai dal tuo Cicisbeo, eh! Dal Giubileo!

Ma una sera di domenica, che mancava la luce e avevamo accesa la candela, ritornò tutta pallida, con la crocchia allentata, e zitta zitta si sedette in un angolo della cucina, dove non arrivava il lume. Mia madre le disse che erano cose da pazzi, sedersi quando era tempo di cucinare. Allora lei fu presa da un tremito, e fra singhiozzi pieni di vergogna le sussurrò che doveva confidarle una cosa. La sera stessa, mia madre la licenziò.

Dopo qualche mese, Valchiria venne a trovarci. Era diventata grassa grassa in viso, tutta rossa e accesa, e portava scarpe con lustrini, bellissimi pendagli che dondolavano scintillando, e un cappelletto con ciliege di pezza. Disse che faceva all'amore con un comandante, e che il suo cognome non era piú Capò, ma De Capò. Ci aveva portato in regalo un etto di cioccolattini avvolti in cartine d'oro, di quelli col rosolio dentro e col bigliettino d'amore.

## Nostro fratello Antonio

A dire di nostra madre, tutti noi fratelli fin dal giorno della nascita mostrammo le nostre virtú straordinarie. Io, per esempio, appena nata avevo già una chioma d'oro cosí folta che l'infermiera ne fece una treccia legata da un fiocco celeste; il mio fratello maggiore, creatura energica e ribelle, aveva una vasta macchia nera sulla fronte; il piú piccolo, infine, che in seguito doveva mostrare la sua tendenza ai trasporti amorosi, aveva solo cinque o sei minuti d'età che già s'era invaghito delle guance paffute dell'infermiera; e, afferrato un dito di lei, lo stringeva nel pugno senza voler piú lasciarlo.

Ma il piú straordinario, la meraviglia di tutti, era nostro fratello Antonio. Bisogna sapere che questo fratello era il primo nato della famiglia, e la sua storia si racconta in poche parole. Appena venuto alla luce, per chi sa quali suoi rimpianti o aristocratici disgusti, si sentí offeso o deluso. Comunque sia, è un fatto che rifiutò sdegnosamente di mangiare; e dopo qualche ora, senza aver neppure potuto spiegare le ragioni del suo contegno, chiuse gli occhiettini e morí.

Questa è la triste storia che nostra madre ci raccontò sempre con nostalgia e col tono che si usa quando, ad una greggia di plebei, si parla di un re. A suo dire infatti il fratello Antonio, se fosse rimasto in vita, sarebbe stato un profeta o un genio, e avrebbe provveduto a rialzare l'onore della famiglia. Ogni volta che, incontrandoci ancora in fasce fra le braccia della nutrice, le signore si fermavano e per lusingare nostra madre dicevano: – Che bel pupo! Com'è grasso! – e poi ci solleticavano la gola esclamando: – Oh come ride! Che angelo! – nostra madre scuoteva la testa sopra pensiero. E con un sospiro assicurava: – Questo è niente, questo è niente, signora. Se aveste veduto il mio primo! Quello sí, era un figlio! Pensate che appena nato girava intorno gli occhi e guardava tutti serio serio. Aveva due occhi cosí celesti e brillanti che pareva portasse un diadema di zaffiri sulla fronte. E mica aveva il naso schiacciato come questi qua: aveva un naso affilato, proprio distinto, signora, e certe mani venate, con le unghie ovali e sottili, non brutte e rozze come questi qua. E chi sa che bei denti avrebbe avuti, signora mia; già si vedeva, aveva le gengive rosse, tenere, che parevano uno scrigno di velluto: sicuro che in quella bocca non potevano spuntare i denti radi, scuri, che hanno questi qua. Ah, signora, non posso ripensarci senza piangere, – e nostra madre si asciugava le lagrime.

Qualunque cattiveria noi facessimo, ella esclamava con rimpianto: – Ah, vostro fratello Antonio questo non l'avrebbe mai fatto! – E d'altra parte, se volevamo renderci degni di un cosí illustre primogenito scrivendo per esempio una poesia con le rime, ella dichiarava: – Sí, ma lui ben altro che questo avrebbe fatto! Son sicura che sarebbe diventato un Salomone, o un Giacomo Leopardi! – e noi ci rinchiudevamo avviliti nella coscienza della nostra inferiorità. Il fratello Antonio era diventato nella nostra mente un Esempio irraggiungibile, un Tipo ideale di cui noi non eravamo che copie grossolane, un perfetto e severo Giudice.

Spesso veniva il santo padre Celestino, e ci parlava di Dio. Mia madre un giorno si decise a confessargli il proprio dubbio: – Certo Dio fa tutto per il meglio, – disse, – ma, scusate, padre, perché ha fatto morire il mio primogenito? Lui che, lo so, sarebbe stato la gloria della famiglia! – e gli raccontò con voce di pianto la storia di Antonio.

– Ma, – chiese padre Celestino, – l'infante, – (in tal modo si esprimeva quel santo), – l'infante era stato battezzato?

– Certo, e come no? – rispose nostra madre. – Certo che provvedemmo in tempo alla salute dell'anima sua.

– E allora! – esclamò padre Celestino tutto raggiante in viso. – Allora che cosa volete di meglio? Altro che principe o poeta in terra! Il vostro bravo figliolo sarà l'avvocato della famiglia presso il Signore. Avete un'anima innocente, signora, che prega per tutti voi. Che cosa volete di meglio? – E tutti ci guardammo estatici e stupefatti.

Infine sapevamo (e chi potrà mai piú levarcelo dalla mente?) che il nostro fratello Antonio, mentre noi peccavamo e scontavamo sulla terra, ci preparava, con le sue mani regali, l'aurea casa del perdono in Paradiso.

# I vecchi avari

Una cosa ci offendeva nella Befana, e cioè che fosse una signora tanto spilorcia. Quando, ubriachi di sogni, le scrivevamo una lettera piena di affettuosa diplomazia chiedendole, per esempio, un'automobile capace di contenere tutti noi fratelli e di portarci a spasso per casa, la vecchia fingeva di non capire. E dal suo pingue sacco lasciava cadere un piccolo autoveicolo, delle dimensioni della nostra mano, con la carica che funzionava male e un autista alto due centimetri, dall'aspetto idiota, il quale inoltre si poteva guardare solo di profilo perché era fatto di due pezzi, e, visto di faccia, mostrava il taglio divisorio. A mezzo di nostra madre, che ci faceva da messaggera presso quel mondo di spiriti, noi facevamo pervenire alla vecchia le nostre proteste; ma la Befana ci mandava a dire che le spiaceva tanto. L'automobile da noi descritta costava trecento lire, e dalle verifiche d'amministrazione risultava che la signora nostra madre aveva spedito per le spese un modesto assegno di cinque lire. Per ricevere la macchina richiesta, ci compiacessimo dunque di favorire le restanti lire 295. «Ma dunque è una vecchia venale! – pensavamo sdegnati. – È una volgare bottegaia, è una speculatrice!» Bei discorsi da farsi a noi! ma allora, se si doveva pagare, tanto valeva andare alla bottega di Bianchelli. E meditavamo, per far dispetto alla vecchia e lederla nelle sue mire interessate, di essere pessimi, cosí da costringerla a darci solo il carbone che costa poco e, almeno, serve a cuocere gli spaghetti. Invece le automobili che ci mandava lei non servivano nemmeno a portare a spasso le formiche.

Sapevamo bene che, a causa delle complicate gerarchie celesti, non avremmo mai potuto accostare la vecchia direttamente; ma da un suo ritratto del libro dei racconti, in cui ella appariva secca e spilungona, con occhi vivi e piccolo naso a becco, si deduceva benissimo la sua natura spilorcia e superba. Papà Natale invece, ritratto in altra pagina, ci conquistò col suo viso rosso e bonario e la cordiale pinguedine. Allora decidemmo di non servirci piú per i nostri acquisti presso la Ditta della Befana diventando invece clienti di Papà Natale; e celebrammo tale defezione con rito significativo, e cioè col grido di «Abbasso la Befana!» seguito dal lancio di uno sputo. Scrivemmo quindi a Papà Natale una elaboratissima lettera nella quale astutamente stuzzicavamo il suo spirito di concorrenza e spiegandogli che il suo fascino e la sua beltà ci avevano spinto a preferirlo gli chiedevamo doni ricchissimi, quali veri cannoni e carri armati e, da parte mia, una bambola di statura umana, vestita alla scozzese, adorna di una collana di perle, e capace di dire papà e mammà.

Il mattino della festa, il mio fratello minore assicurò di avere udito nella notte non piú, come gli anni scorsi, la voce della Befana, chioccia e fina come uno spillo; ma un vocione forte come quello di un bue, benevolmente grasso e festoso. Questa notizia ci elettrizzò, e fra gridi entusiastici corremmo alla tavola dei doni. Ma qui dovevamo persuaderci che l'ingannevole vecchio non era meno avaro della sua concorrente: vicino a tre o quattro cannoncini di stagno, non piú lunghi di un dito mignolo, sedeva la mia bambola scozzese. Non era tanto piccola, ma il mio occhio esperto e sprezzante vide subito che era stata comperata sui carrettini. Lungi dal dire papà e mammà emetteva, a comprimerla sulla pancia, un ambiguo miagolio. Quanto all'abito scozzese, molto ben fatto a dire il vero, mi parve di riconoscere in esso, con sommo stupore, la stessa stoffa di un vecchio vestito di mia madre. Il vecchio utilizzava dunque per le sue strenne gli stracci della famiglia. E la collana, composta con arte in triplice giro e adorna di una medaglietta argentata, era però fatta di quelle perline di vetro che costano dieci un soldo.

– È una vera camorra! – esclamammo delusi, ripetendo la frase prediletta di nostro padre. Ed io, presa la bambola e sollevatale con rabbia la veste, la bastonai. Poi la buttai sotto il divano fra polvere e ragnatele. Allora mia madre andò a raccoglierla e le rassettò il vestito dicendo che era bellissima; e nel dir questo la sua piccola bocca tremava, come a chi sta per piangere.

# Fioretti

Le suore, preoccupate della salute dell'anima nostra, ci insegnavano che ogni sacrificio offerto al Signore si trasmuta in fiore odorosissimo nell'orto del Cielo: perciò appunto prende il nome di «fioretto». E il giorno del Giudizio Universale Iddio, con l'aiuto dei suoi angeli, raccoglie tutti i fiori cosiffatti e in forma di vaghissima corona li restituisce a ciascun'anima che glieli offrí.

Fra le dodici educande, ero sempre io la prima a proporre fioretti e sacrifici. Le buone suore mi accarezzavano la testa, mi mostravano alle altre quale esempio edificante, e guardandomi bisbigliavano: – Che anima candida, che cuoricino perfetto –. Ed io, con gli occhi pieni d'ipocrita santità, e levati al cielo, mi compiacevo in quelle lodi.

Spesso, all'apparire di una torta domenicale sulla tavola del convento, le suore si scambiavano un sorriso d'intesa arguta. Suor Maria Francesca diceva con furbo ammicchío: – Che crema bianca, eh! Che pistacchi teneri! Ah, che zibibbo! – e noi dodici inghiottivamo acquolina. Ma subito suor

Gervasia socchiudendo gli occhi celesti suggeriva:
– Che ne direste se… – e ci fissava in viso finché
io balbettavo: – … se facessimo un fioretto? – Le
suore approvavano raggianti; e allora suor Consilia sollevava il dolce con le sue mani grassottelle e
se lo portava via.

In quello stesso istante, dodici fiori odoranti di
pistacchio e di zibibbo spuntavano negli orti celesti; e, a rendere la festa piú solenne, le suore ci
mettevano in fila intonando un coro che diceva:

*Noi ti consoleremo, o Signore.*

Allora le guance delicate, simili a pomi, della
semplice compagna Giacinta, e della pia compagna Flora diventavano rosse per il piacere. Tutte
si figuravano uno splendido convito sospeso nel
firmamento; dove i commensali, tutti santi con
aureola e barba magnifica, si dividevano la nostra
torta e dicevano: – Ah, quanto è buona! Ah, che
brave bambine!

Tutte le compagne coltivavano con fiducia, in
attesa del Giudizio, la propria corona celeste. Ma
soltanto lo spauracchio del Dubbio, e l'albero spi-
noso della Finzione ospitava il mio cuore. Mentre cantavo nel pio cerchio, i miei precisi pensieri
erano questi: «Canto perché mi conviene, cosí le
suore mi dicono "Cuoricino" e mi regalano figu-
re colorate. Ma voi, se credete che i santi mangi-

no la nostra torta, siete sceme e ignoranti. I santi non hanno mica la pancia: mangiano solo musica e aria. E forse che la torta ha le ali per volare fin lassú? Sceme, la torta, si capisce, se la mangiano le monache. Per questo sono cosí grassottelle, e per questo suor Consilia ride quando leva il piatto».

È risaputo che il Diavolo non fa coperchi; e dunque il Signore dal Cielo vedeva benissimo i pensieri velenosi che ribollivano nella scoperchiata e nera pignatta dell'anima mia. Questo io temevo, e, nel buio della notte, rabbrividendo mi figuravo il giorno del Giudizio Universale.

Quel giorno si farà l'appello. «Giacinta!» dirà il Signore. E l'anima di Giacinta in forma di candida colomba tuberà: «Presente». «Grazie per i fioretti, cara», le dirà il Signore, e le porgerà una corona di gelsomini. Similmente Egli chiamerà: «Flora!», e l'anima di Flora, in aspetto di candido cigno, riceverà una corona di gigli. Ma quando il Signore chiamerà: «Elsa!», fra lo stupore generale si vedrà comparire un brutto passerotto arruffato e nero: a questo il Signore porgerà in silenzioso disdegno una corona d'ortiche. E dall'ombra il Diavolo, con una risata di trionfo, cerimonioso dirà: «Favorite all'Inferno, signora mia».

# Il primo amore

Uscendo dalla scuola, incontravo sempre sul tranvai numero 7 un giovane e fiero gentiluomo d'alta statura che, malgrado frequentasse il liceo, vestiva ancora alla marinara. Era pallido, con occhioni celesti, e quando passavano le smorfiose sue compagne subito si levava il berretto recante la scritta «R. Nave Duilio». Ma quando passavo io, che facevo la terza ginnasio ed ero piccola, con calze di lana e stivalini alquanto infangati, non si levava il berretto, e ostentava l'indifferenza di un grandioso monumento al passaggio di una formica.

Evidentemente egli non sapeva che scrivevo poesie. Un giorno, apposta ne lasciai cadere una ed egli, sospingendola col piede, sprezzante borbottò: – Vi è cascato il compito, ehi. – Oh, non fa niente, – balbettai frettolosa, tremando, – non sono che versi barbari, senza rima –. Allora tutto premuroso raccolse il foglio ma io non volli a nessun costo farglielo leggere; con occhi brillanti egli mi svelò che anche lui scriveva poesie. E fino al capolinea parlammo di Paolo e Francesca.

Qualche giorno dopo, all'ora dell'ingresso, Goffredo (tale era il suo nome), mi consegnò un foglietto ripiegato contenente una poesia da lui scritta apposta per me, la quale fra l'altro diceva:

*Donna, sia lode a Tua sottil persona.*
*Donna, sia lode a Tuo nobile spirto.*
*A Te dia Citerea le rose e il mirto*
*A Te Virtude fulgida corona!*

Raggiante, io, come costumano tutte le damigelle con le loro missive segrete, celai la poesia là dove poteva ascoltare da vicino i battiti del mio cuore. Durante la lezione, ogni momento ci ripensavo, e sobbalzavo e fra me ridevo. E il professor Azzariti mi disse: – Ma che hai, Parruccona, per saltare come un ranocchio?

Cosí cominciò l'amore.

A causa del suo tardivo costume alla marinara, Goffredo era un po' lo zimbello del liceo che vestiva il solito abito borghese. Quanto a me, ero anch'io lo zimbello del ginnasio, femminile, perché vestivo tutti i giorni un impermeabile a cocolla, lungo, lustro e nero, che per bellezza ornavo di fiocchetti. Quella nostra sorte comune di zimbelli ci dava un'aria strana, di continua riserva e minaccia. Egli attraversava il cortile con selvatico passo di lupo, con occhio cupo e pallida fronte; io con un sorriso di sdegno indifferente gli tenevo dietro. Al suono della campana ci separavamo, fissandoci, con una smorfia di sprezzo per tutti gli altri.

Per affermare il nostro amore in cospetto del mondo, egli pagava sempre, insieme al suo, il mio biglietto del tram. Ed io, con la somma che in tal modo potei mettere da parte, gli comperai un pacchetto di sigarette extra, con l'oro. – Così, – balbettai nell'offrirlo, – nelle spire del fumo vedrete la mia figura.

Ma un giorno Goffredo decise di andare a piedi dovendo risparmiare in vista di una certa faccenda la quale, aggiunse orgogliosamente, mi riguardava. E così detto si allontanò battendo nell'aria le braccia come due remi vigorosi, in tasca un paio di quinterni strappati dai libri di testo. E durante molti giorni amari io, non potendo seguirlo per non arrivare a casa in ritardo, lo salutai tristemente dal finestrino del tram. Un sabato infine mi annunciò che, avendo raccolto trenta lire, m'invitava al ristorante.

Barcollando per il giubilo corsi a casa dove, assaggiate appena due briciole della mensa familiare, potei subito uscire di nuovo grazie alla menzogna di una lezione pomeridiana. Così, alle quattordici precise, mi ritrovai con Goffredo alle porte del ristorante dei Fagiani.

Là dentro, Dio mi perdoni, fui presa da quella particolare forma di frenesia femminile che potremmo chiamare «diletto di sperperare gli averi dell'uomo amato». La signora affetta da tale frenesia comincia con l'accavallare le gambe e il dondolare capricciosamente un piede; e girando uno sguardo sornione e perfido, con fredda soave smorfia, assume l'aspetto di languida noncuranza di una granduchessa madre avvezza a ben altro. Poi, con lo stesso tono sprezzante di uno che ordini bollito con patate, reclama un pasticcio di *foie gras* tutto sparso di tartufi, ostriche e caviale siberiano. – E per dopo, signora? – Un'aragosta gigante in salsa di menta, e un fagiano ben nutrito e ben marcio, da esaminarsi prima di cuocerlo, eh, con le piume e tutto, e infilata nel becco un'orchidea.

Il cameriere andava avanti e indietro e già mi ammirava, lo si vedeva benissimo, e indovinava in me, grazie al suo vecchio fiuto, la giovinetta di nobilissima stirpe o la grande avventuriera; mentre Goffredo, che con voce opaca e sperduta chiedeva minestra di cicoria, gli faceva non so se piú pena o schifo. A un certo punto le labbra impallidite di Goffredo balbettarono: – Gli lascerò anche l'orologio, – e Goffredo ebbe uno strano e febbrile risolino, come chi sia giunto, fra sé e sé, ad una deliberazione eroica. Ma io, rapita nel vortice, non gli badai. Infine arrivò il conto di L. 31,80. Allora Goffredo balzò in piedi e con gelida disperazione, in tono sferzante, disse al cameriere di aver dimenticato a casa il portafogli, ma che al posto di quella lira e ottanta in piú avrebbe lasciato un orologio di marca svizzera, e quindi il ristorante poteva ringraziarlo, faceva un affare; e badassero come parlavano, perché suo padre era un colonnello. – Prego, prego, ma signore, – ripeteva il cameriere; ma, quanto a me, non mi lasciavo ingannare da tutti quei discorsi, ben comprendendo altro non esser quella che l'estrema difesa di un uomo alle soglie del disonore e del carcere. Finalmente il cameriere andò a chiamare il direttore e noi due ci fissammo atterriti.

Il direttore giunse, pari a graziosa rondine, con le code della giacca che sventolavano di qua e di là, e alzando le mani con una smorfietta distinta disse: – Ma per carità, signori, non si parli d'orologi! Per una cosí piccola differenza! Pagherete a vostro comodo, signori. I miei rispetti al signor colonnello. Di qua, di qua, signori –. E tutti i camerieri s'inchinarono al nostro passaggio, finché uscimmo da quella soglia sulla Piazza dell'Obelisco. Allora Goffredo arrotò i denti, ed affermò che se quell'idiota di cameriere avesse insistito ancora un poco, egli stesso gli avrebbe fatto gli occhi cosí.

Dopo quel giorno, ritenendomi una signora, decisi di darmi il rosso alle guance. Veramente Goffredo aveva piú volte disapprovato un tal costume, asserendo con accento austero che le signore truccate non «donne» dovrebbero chiamarsi, ma «bambole», od «oche». Tuttavia, essendo per natura assai pallidina, io mi soffregai le guance col fazzolettone rosso della spesa della mia cameriera Valchiria, in modo che apparvi nella luce meridiana di un bellissimo color geranio. Goffredo scrutò quei colori con una certa diffidenza, e sbatté le palpebre come chi intraveda boccheggiante ai propri piedi la sua piú superba illusione. Poi con un piccolo sorriso timido ma sprezzante disse: – Vi siete dipinta la faccia!

– Sbagliate, non è vero nemmeno per sogno! – dissi. E spiegai che non ero piú anemica, grazie alle uova e all'olio di fegato che mi dava mia madre, e che dunque d'ora innanzi quello era il mio colore naturale. – È vero, – soggiunsi con allusione maligna, – che «qualcuno» preferirebbe vedermi anemica, anzi malata di tisi, anzi morta. Ma invece sono una persona colorita, come una rosa! – Goffredo sempre dubbioso opinò se avrei potuto dargliene le prove. – Certamente! – gridai.

Egli portava al collo una sciarpa di lana bianca, di quelle che i vecchi freddolosi chiamano «stufe». Mi sfidò dunque a soffregarmi la guancia col lembo di quella «stufa», bagnato in precedenza alla fontanella. – Non credete alla mia parola! – esclamai sdegnata. Ma poiché insisteva accettai la sfida. La «stufa» si tinse di color geranio, e Goffredo ebbe una risata beffarda e terribile. – Addio, – mi disse, e cintosi il collo di quella sciarpa contaminata, si allontanò a passi giganteschi.

Ostentando indifferenza lo sogguardai finché

sparve all'angolo; ma, quando fu scomparso, convulsa, mi precipitai sulle sue orme. Il viale dava su una via secondaria, rotta e sventrata, e nel mezzo alcuni operai riattavano le rotaie del tram. Chiesi tremando ad uno di loro se avesse visto passare un signore vestito alla marinara.

– Gigetto, – disse colui al compagno, – questa signorina vuol sapere se è passato un marinaio.

– Altro che, non hai visto? – rispose Gigetto. – E mica uno solo! È passata adesso adesso una nave da guerra proprio sul marciapiede incontro!

– Ih, che freddo mi fai venire! – strillò il primo; e tutti e due, ringalluzziti e gongolanti per quella spiritosaggine idiota, sputarono sulle rotaie senza piú curarsi di me.

Io non vedevo piú nulla, tante erano le mie lagrime. Cercavo di asciugarmele con la manica dell'impermeabile nero, e intanto la cartella mi cadde sul binario. Ma un tram arrivava scampanellando fra quelle casacce vecchie e mezze rovinate, e il guidatore si sporse: – Ehi, ragazzina, – mi strillò tutto rosso in faccia, – ti vuoi levare dal binario? È un'ora che sto suonando! Sei campanara?

*Indice*

*Stampato per conto della Casa editrice Einaudi
presso ELCOGRAF S.p.A. - Stabilimento di Cles (Tn)
nel mese di ottobre 2013*

C.L. 21652

Ristampa _____                    _____ Anno

0   1   2   3   4   5   6           2013   2014   2015   2016